Impressum
Verlag: BABADADA GmbH, Nedderfeld 112 , 22529 Hamburg
Geschäftsführer / Verlagsleitung: Harald Hof
Druck: Books on Demand GmbH, In de Tarpen 42, 22848 Norderstedt

Imprint
Publisher: BABADADA GmbH, Nedderfeld 112 , 22529 Hamburg, Germany
Managing Director / Publishing direction: Harald Hof
Print: Books on Demand GmbH, In de Tarpen 42, 22848 Norderstedt, Germany

sekolah

مدرسه

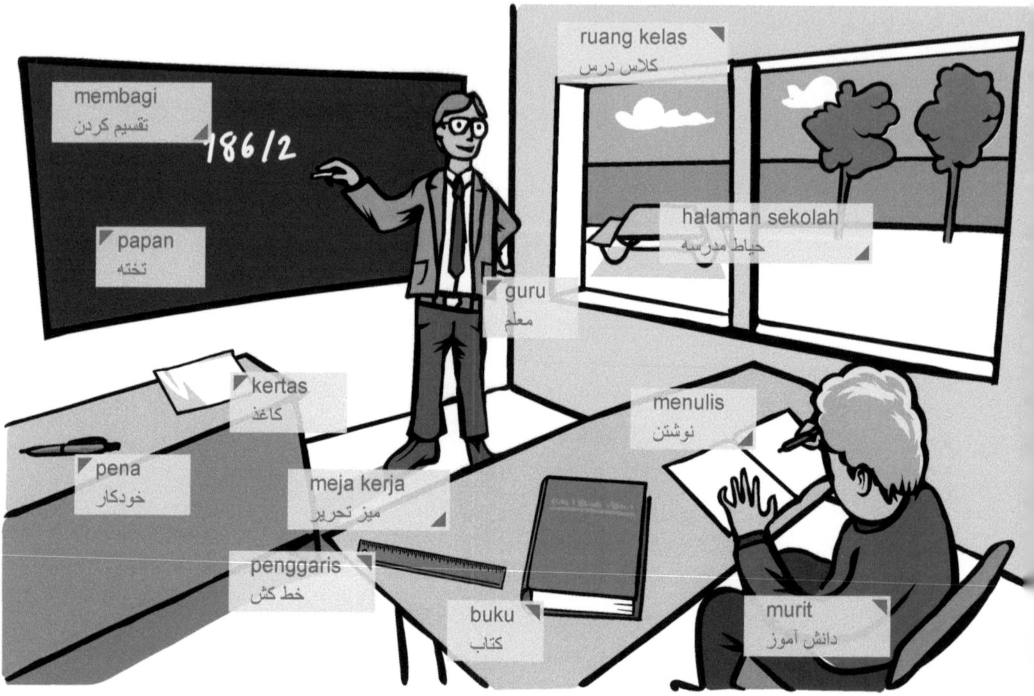
ruang kelas
کلاس درس
membagi
تقسیم کردن
186/2
papan
تخته
halaman sekolah
حیاط مدرسه
guru
معلم
kertas
کاغذ
menulis
نوشتن
pena
خودکار
meja kerja
میز تحریر
penggaris
خط کش
buku
کتاب
murit
دانش آموز

tas sekolah

کیف مدرسه

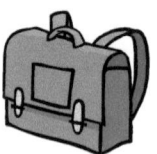

tempat pensil

جامدادی

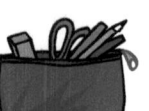

pensil

مداد

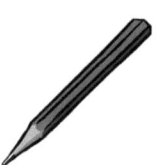

pengasah pensil

تراش

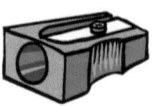

penghapus

پاک کن

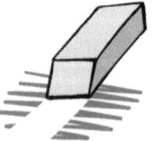

kertas gambar

دفتر رسم

gambar

طراحی

kuas

قلم مو

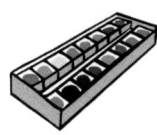

kotak cat

جعبه ی آبرنگ

gunting

قیچی

lem

چسب

buku latihan

کتاب تمرین

pekerjaan rumah

تکلیف خانه

12

angka

رقم

2+2

tambhakan

جمع کردن

5-2

mengurangi

تفریق کردن

2×2

mengalikan

ضرب کردن

menghitung

محاسبه کردن

A

huruf

حرف الفبا

ABCDEFG HIJKLMN OPQRSTU VWXYZ

alfabet

الفبا

hello

kata

کلمه

teks

متن

membaca

خواندن

kapur

گچ

pelajaran

درس

daftar

ثبت نام

ujian

امتحان

sertifikat

مدرک رسمی

seragam sekolah

لباس مدرسه

pendidikan

تحصیلات

ensiklopedi

دانشنامه

universitas

دانشگاه

mikroskop

میکروسکوپ

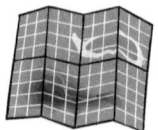

peta

نقشه

tempat sampah

سبد کاغذ باطله

perjalanan
سفر

hotel
هتل
Grand
hostel
مسافرخانه
ROOMS
CHANGE
kantor pertukaran mata uang
صرافي
koper
چمدان
mobil
اتومبیل

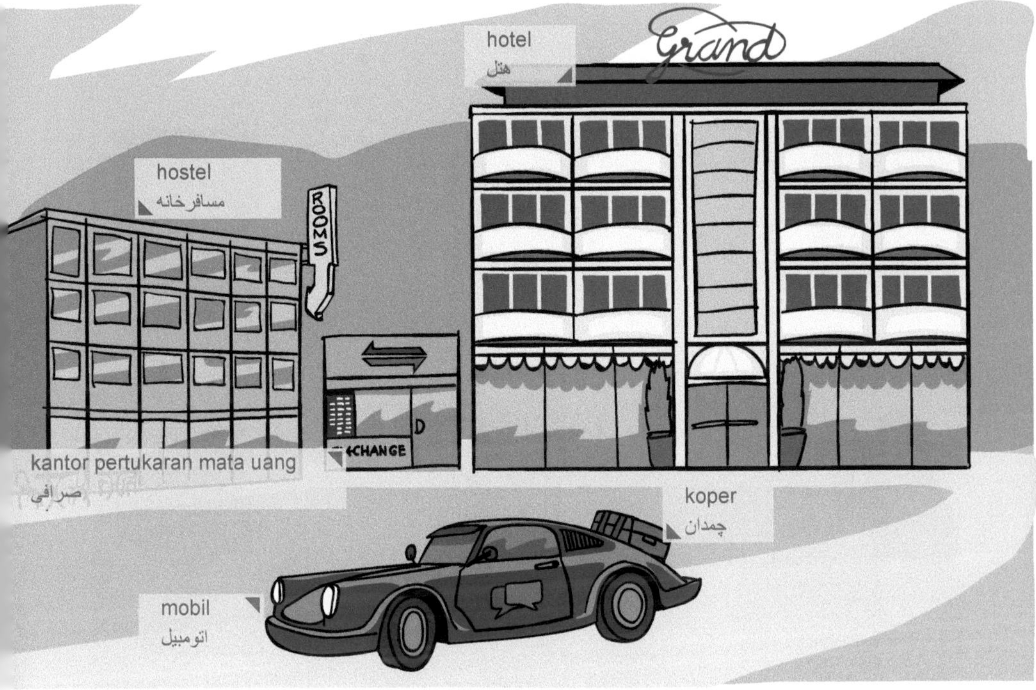

bahasa
زبان

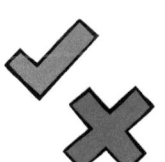

ya / tidak
بله / خیر

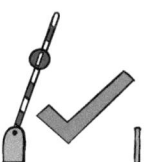

okay
أکی

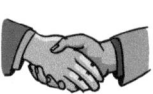

hallo
سلام

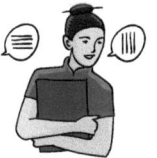

penerjemah
مترجم

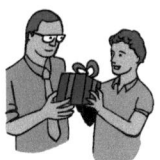

terima kasih
ممنون

Berapa harganya...?

قیمت ... چه قدر است؟

saya tidak mengerti

من متوجه نمی شوم

masalah

مشکل

Selamat malam!

عصر بخیر! / شب بخیر!

Selamat siang!

صبح بخیر!

Selamat tidur!

شب بخیر!

sampai jumpa

خدانگهدار

arah

جهت

bagasi

بار سفر

tas

کیف

ransel

کوله پشتی

tamu

مهمان

ruang

اتاق

kantong tidur

کیسه خواب

tenda

خیمه

informasi wisata

مرکز راهنمای گردشگران

pantai

ساحل

kartu kredit

کارت اعتباری

sarapan

صبحانه

makan siang

نهار

makan malam

شام

tiket

بلیط

elevator

آسانسور

perangko

مهر

perbatasan

مرز

cukai

گمرک

kedutaan

سفارتخانه

visa

ویزا

paspor

گذرنامه

transportasi

حمل و نقل

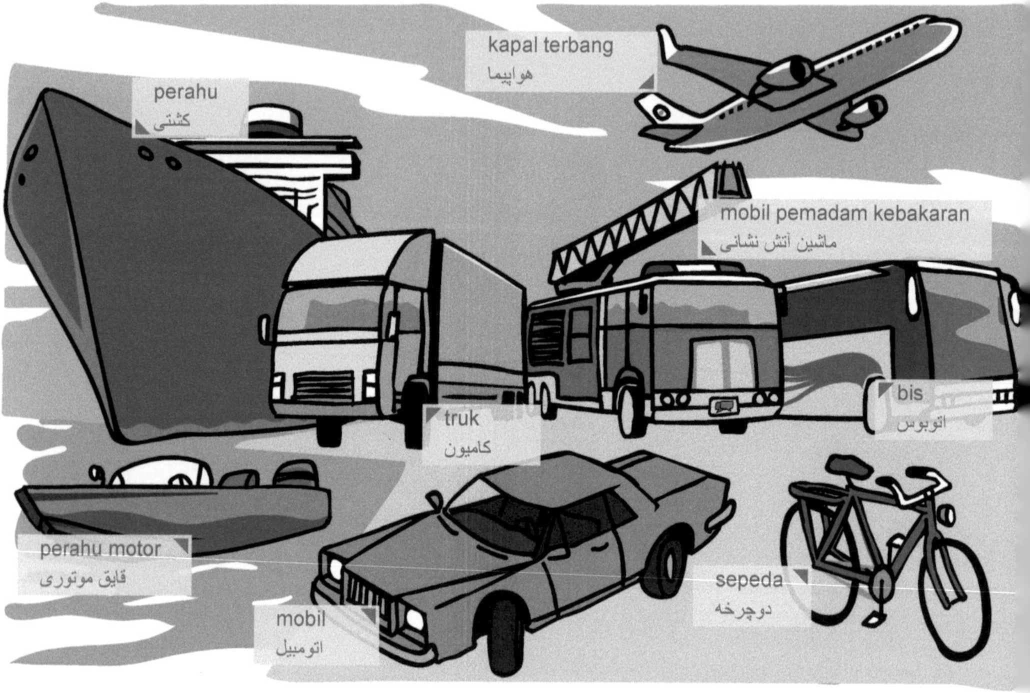
kapal terbang
هواپیما
perahu
کشتی
mobil pemadam kebakaran
ماشین آتش نشانی
truk
کامیون
bis
اتوبوس
perahu motor
قایق موتوری
sepeda
دوچرخه
mobil
اتومبیل

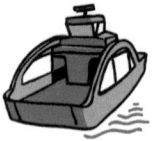

feri

کشتی مسافربری

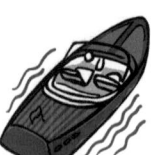

perahu

قایق

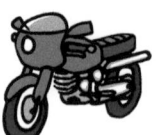

sepeda motor

موتورسیکلت

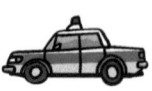

mobil polisi

ماشین پلیس

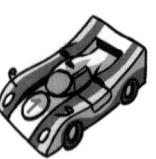

mobil balapan

ماشین مسابقه

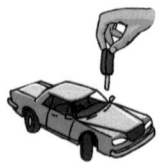

mobil sewa

ماشین کرایه ای

berbagi mobil

به اشتراک گذاری اتوموبیل

truk derek

جرثقیل

truk sampah

ماشین حمل زباله

motor

موتور

bahan bakar

بنزین

bensin

پمپ بنزین

tanda lalulintas

تابلو راهنمایی و رانندگی

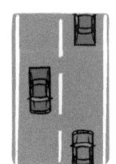

lalulintas

عبور و مرور

macet

ترافیک

parkir mobil

پارکینگ

stasiun kereta

ایستگاه قطار

trek

ریل راه آهن

kereta api

قطار

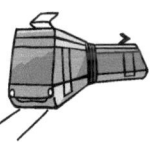

tram

قطار برقی

gerobak

واگن

helikopter

هليكوپتر

bendara

فرودگاه

menara

برج

penumpang

مسافر

container

كانتينر

karton

كارتن

troli

گاری

keranjang

سبد

berangkat / mendarat

به پرواز درآمدن / فرود آمدن

kota

شهر

desa

دهكده

pusat kota

مركز شهر

rumah

خانه

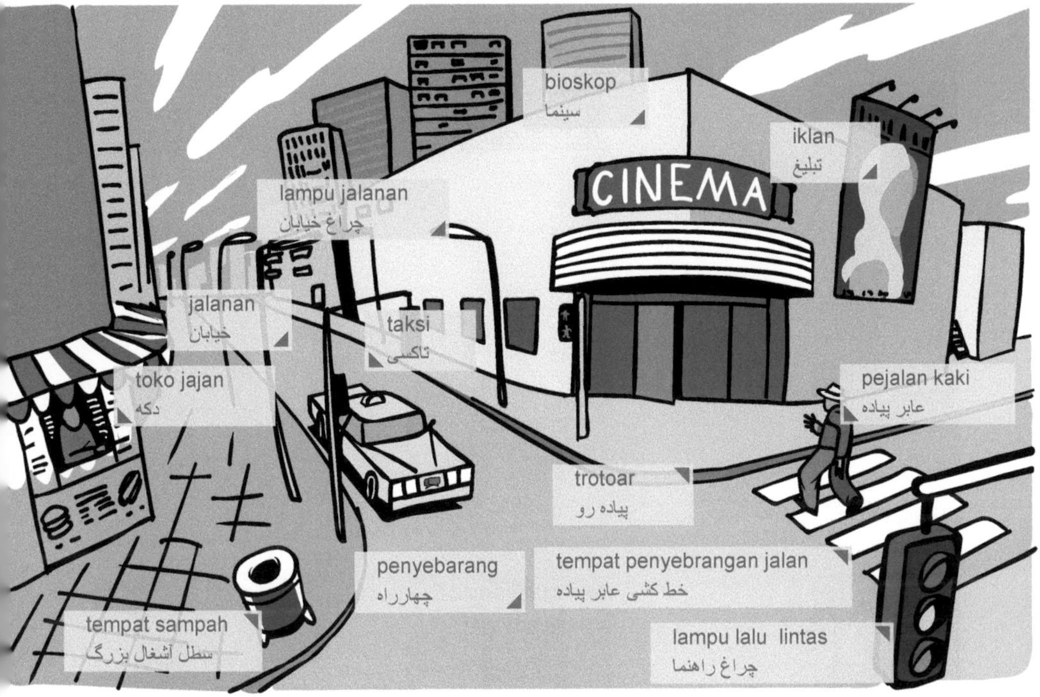

bioskop
سینما

iklan
تبلیغ

lampu jalanan
چراغ خیابان

CINEMA

jalanan
خیابان

taksi
تاکسی

toko jajan
دکه

pejalan kaki
عابر پیاده

trotoar
پیاده رو

penyebarang
چهارراه

tempat penyebrangan jalan
خط کشی عابر پیاده

tempat sampah
سطل آشغال بزرگ

lampu lalu lintas
چراغ راهنما

gubuk

كلبه

rumah flat

آپارتمان

stasiun kereta

ایستگاه قطار

balai kota

ساختمان شهرداری

museum

موزه

sekolah

مدرسه

universitas

دانشگاه

bank

بانک

rumah sakit

بیمارستان

hotel

هتل

farmasi

داروخانه

kantor

اداره

toko buku

کتابفروشی

toko

مغازه

toko bunga

گل فروشی

supermarket

سوپرمارکت

pasar

بازار

toko serba ada

فروشگاه بزرگ

nelayan

ماهی فروش

pusat belanja

مرکز خرید

pelabuhan

بندر

taman

پارک

banku

نیمکت

jembatan

پل

tangga

پله

kereta bawah tanah

مترو

terowongan

تونل

pemberhantian bis

ایستگاه اتوبوس

bar

میخانه

restauran

رستوران

kotak surat

صندوق پست

tanda jalan

تابلوی خیابان

meteran parkir

دستگاه پارکومتر

kebun binatang

باغ وحش

kolam renang

استخر شنای عمومی

mesjid

مسجد

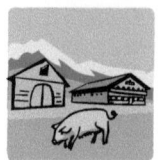

pertanian

مزرعه

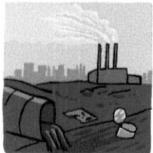

polusi

آلودگی محیط زیست

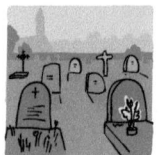

kuburan

قبرستان

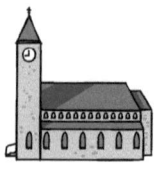

gereja

کلیسا

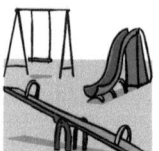

tempat bermain

زمین بازی

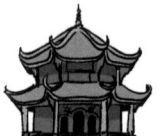

pura

معبد

pemandangan

چشم انداز

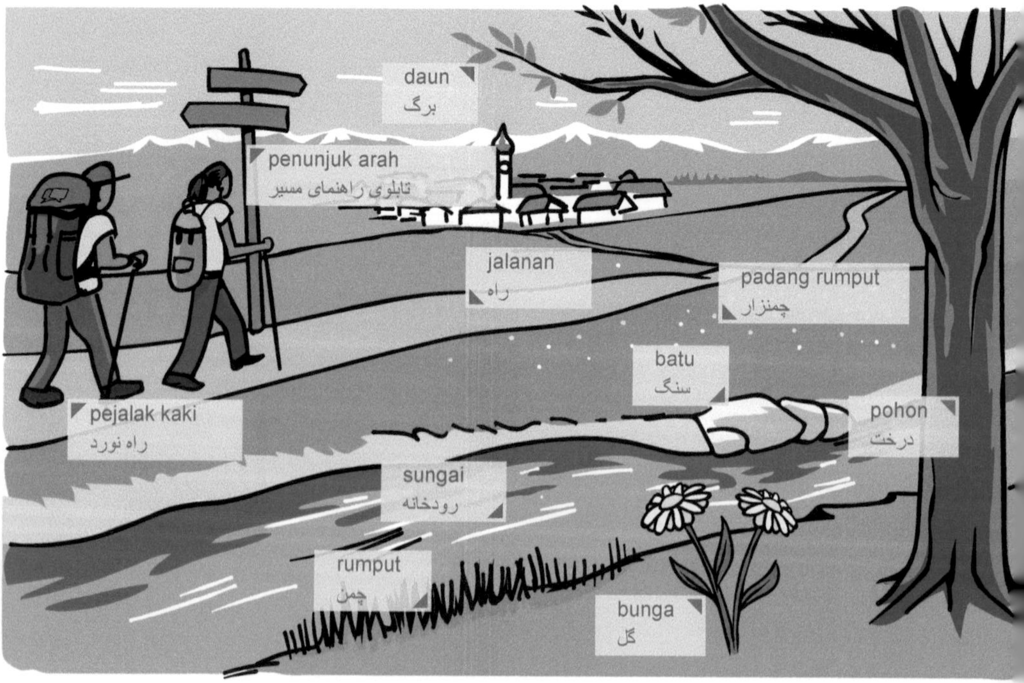

daun
برگ
penunjuk arah
تابلوی راهنمای مسیر
jalanan
راه
padang rumput
چمنزار
batu
سنگ
pejalak kaki
راه نورد
pohon
درخت
sungai
رودخانه
rumput
چمن
bunga
گل

lembah

دره

bukit

تپه

danau

دریاچه

hutan

جنگل

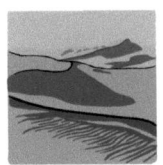

padang gurun

بیابان

gunung berapi

کوه آتشفشان

istana

قلعه

pelangi

رنگین کمان

jamur

قارچ

pohon palem

درخت نخل

nyamuk

پشه

lalat

مگس

semut

مورچه

lebah

زنبور

laba-laba

عنکبوت

kumbang

سوسک

kodok

قورباغه

tupai

سنجاب

landak

جوجه تیغی

kelinci

خرگوش صحرایی

burung hantu

جغد

burung

پرنده

angsa

قو

babi jantan

گراز

rusa

گوزن نر

rusa

گوزن شمالی

bendungan

سد آب

turbin angin

توربین بادی

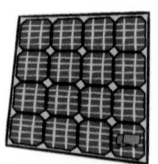

panel surya

صفحه ی خورشیدی

iklim

آب و هوا

restauran

رستوران

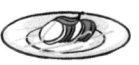

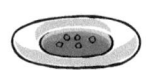

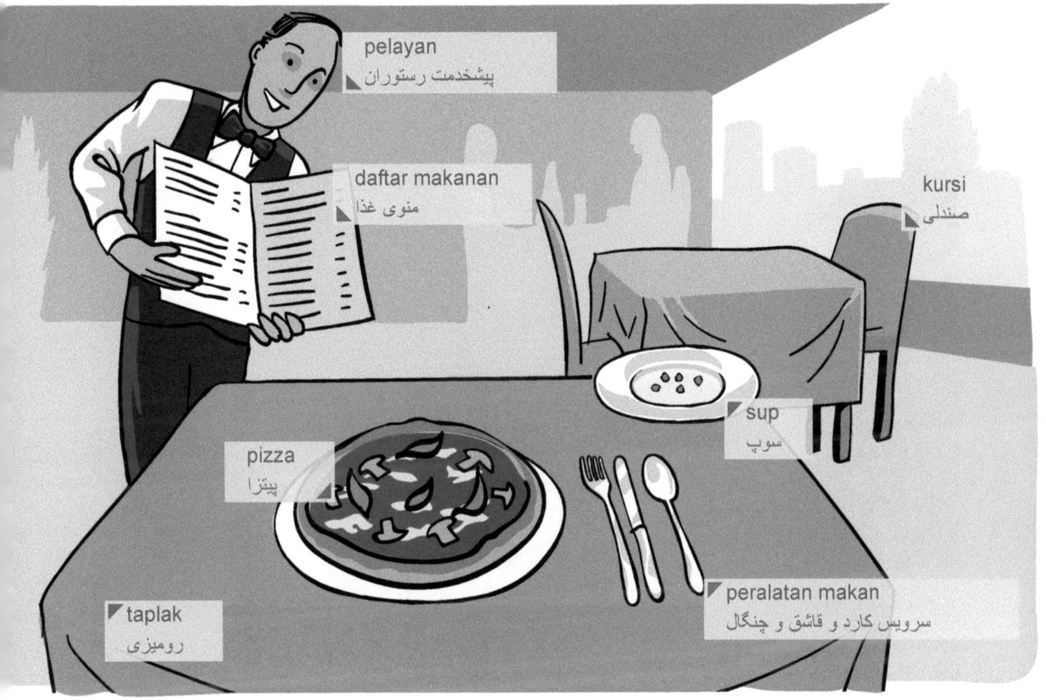

pelayan
پیشخدمت رستوران
daftar makanan
منوی غذا
kursi
صندلی
sup
سوپ
pizza
پیتزا
taplak
رومیزی
peralatan makan
سرویس کارد و قاشق و چنگال

hindangan pembuka

پیش‌غذا

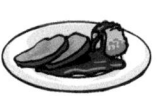

hidangan utama

غذای اصلی

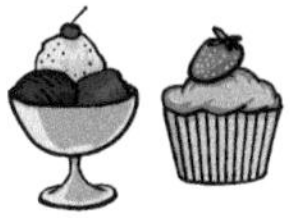

hidangan penutup

دسر

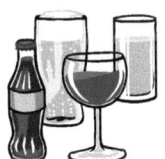

minuman

نوشیدنی ها

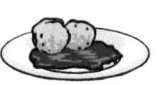

makanan

غذا

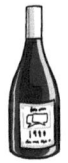

botol

بطری

fastfood

فست فود

masakan jalanan

اغذیه خیابانی

teko teh

قوری

kaleng gula

قندان

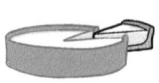

porsi

پُرس غذا

mesin espresso

دستگاه اسپرسو

kursi tinggi

صندلی پایه بلند غذاخوری بچه

tagihan

صورتحساب

baki

سینی

pisau

چاقو

garpu

چنگال

sendok

قاشق

sendok teh

قاشق چایخوری

serbet

دستمال سفره

gelas

لیوان

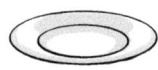

piring

بشقاب

piring sup

بشقاب سوپخوری

lepek

نعلبکی

saus

سس

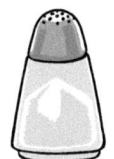

tempat garam

نمکدان

gilingan merica

فلفل ساب

cuka

سرکه

minyak

روغن خوراکی

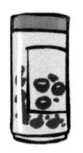

bumbu

ادویه جات

saus tomat

سس کچاپ

mustar

سس خردل

mayones

سس مایونز

supermarket
سوپرمارکت

penawaran khusus
پیشنهاد ویژه
FOR
klien
مشتری
produk susu
لبنیات
buah
میوه جات
troli
چرخ دستی خرید

BUTCHERS

pembantai

قصابی

BAKERY

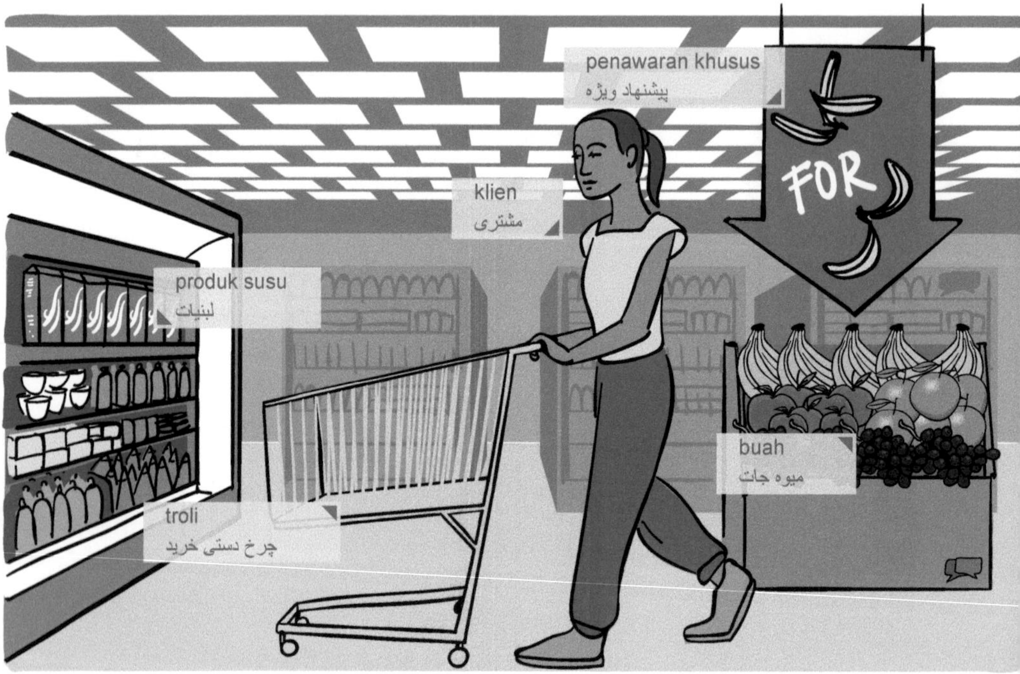

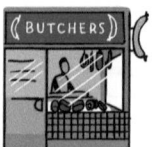

toko roti

نانوایی

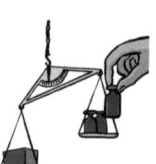

menimbang

وزن کردن

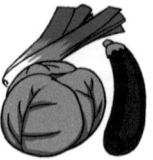

sayur

سبزیجات

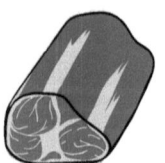

daging

گوشت

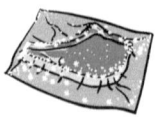

makanan beku

غذای منجمد

pemotongan dingin

مخلوطی از انواع کالباس یا پنیر که
ورقه ای بریده شده باشند

makanan kaleng

غذای کنسروی

sabun serbuk

پودر لباسشویی

permen

شیرینی جات

alat-alat rumah tangga

لوازم خانگی

obat pembersihan

ماده شوینده و پاک کننده

penjual

فروشنده

kasa

صندوق پرداخت

kasir

صندوقدار

daftar belanja

لیست خرید

jam buka

ساعات کار

dompet

کیف پول

kartu kredit

کارت اعتباری

tas

کیف

kantong plastik

کیسه ی پلاستیکی

air

آب

jus

آبمیوه

susu

شیر

cola

نوشابه کوکاکولا

anggur

شراب

bir

آبجو

alkohol

الکل

coklat

کاکائو

teh

چای

kopi

قهوه

espresso

قهوه اسپرسو

cappucino

کاپوچینو

pisang

موز

apel

سیب

jeruk

پرتقال

semangka

انواع هندوانه و خربزه

jeruk lemon

لیمو

wortel

هویج

bawang putih

سیر

bambu

نی بامبو

bawang bombai

پیاز

jamur

قارچ

kacang

آجیل

mi

ماکارونی

spagetti

اسپاگتی

nasi

برنج

salat

سالاد

kentang goreng

سیب زمینی سرخ کرده

kentang goreng

سیب زمینی سرخ شده

pizza

پیتزا

hamburger

همبرگر

sandwich

ساندویچ

sayatan

شنیتسل

ham

ژامبون خوک

salami

سالامی

sosis

سوسیس

ayam

مرغ

menggoreng

نوعی گوشت سرخ شده

ikan

ماهی

bubur gandum

جوی پرک شده

sereal

نوعی صبحانه مخلوطی از برگه ذرت و میوه های خشک شده و خشکبار که معمولا با شیر خورده می شود

cornflakes

کورن‌فلکس

tepung

آرد

croissant

کرواسان

roti

نان برونتشن

roti

نان

toast

نان تست

biskuit

بیسکویت

mentega

کره

dadih

کشک

kue

کیک

telur

تخم مرغ

telur goreng

تخم مرغ نیمرو

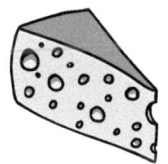

keju

پنیر

eskrim

بستنی

gula

شکر

madu

عسل

selai

مربا

krim nugat

کرم شکلاتی بادامی

kare

ادویه کاری

rumah peternakan
خانه ی مزرعه داران

lumbung
انبار غله

bale jemari
خرمن گاه

lapangan
مزرعه

kuda
اسب

kereta gandeng
ماشین یدک کش

anak kuda
کره اسب

traktor
تراکتور

keledai
خر

domba
بره

domba
گوسفند

kambing

بز

sapi

گاو ماده

betis

گوساله

babi

خوک

celeng

بچه خوک

banteng

گاو نر

angsa

غاز

bebek

اردک

anak ayam

جوجه

ayam

مرغ

ayam jantan

خروس

tikus

موش صحرایی

kucing

گربه

tikus

موش

lembu

گاو نر اخته

anjing

سگ

rumah anjing

لانه ی سگ

selang

شلنگ باغبانی

penyiram

آبپاش

sabit

داس دسته بلند

bajak

گاوآهن

sabit

داس

cangkul

کج بیل

garpu rumput

چنگک باغبانی

kapak

تبر

gerobak

فرقون

palung

آبشخور

kaleng susu

بطری نگهداری شیر

karung

کیسه

pagar

حصار

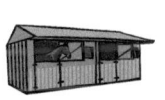

kandang

اصطبل

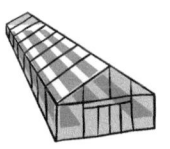

rumah kaca

گلخانه

tanah

خاک

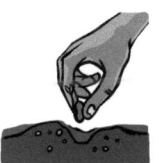

benih

بذر

pupuk

کود

mesin pemanen

ماشین کمباین

panen

برداشت کردن محصول

panen

محصول

yams

تمیس

gandum

گندم

kedelai

سویا

kentang

سیب زمینی

jagung

ذرت

lobak

کلزا

pohon buah

درخت میوه

singkong

گیاه مانیوک

sereal

غلات

rumah
خانه

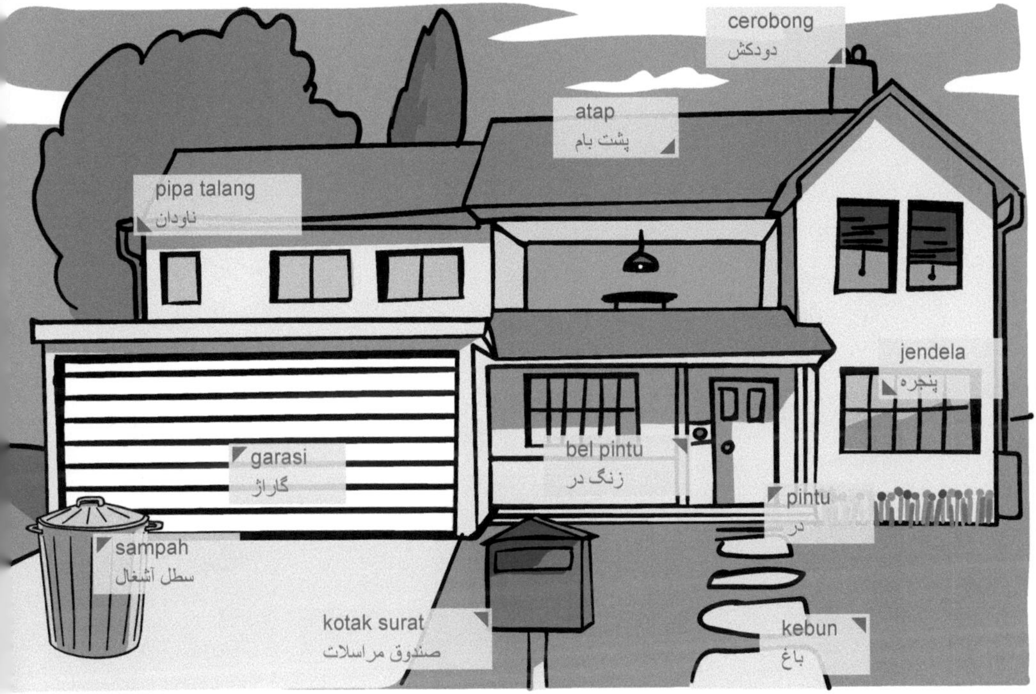
cerobong
دودکش
atap
پشت بام
pipa talang
ناودان
jendela
پنجره
garasi
گاراژ
bel pintu
زنگ در
pintu
در
sampah
سطل آشغال
kotak surat
صندوق مراسلات
kebun
باغ

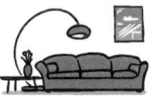

ruang tamu
اتاق نشیمن

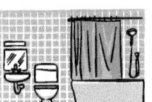

kamar mandi
حمام

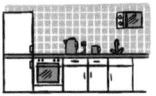

dapur
آشپزخانه

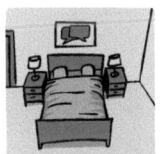

kamar tidur
اتاق خواب

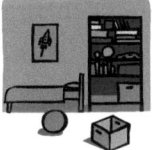

kamar anak
اتاق بچه

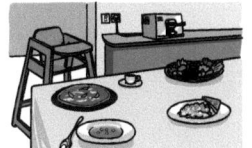

kamar makan
ناهارخوری

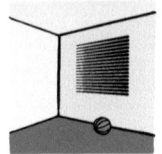

lantai

كف زمين

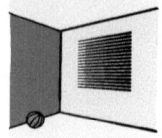

tembok

ديوار

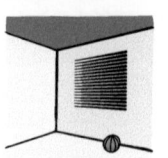

atap

سقف

gudang di bawah tanah

زيرزمين

sauna

سونا

balkon

بالكن

teras

تراس

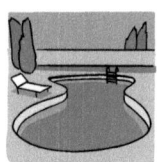

kolam renang

استخر

mesin pemotong rumput

ماشين چمنزنى

sprei

ملافه

selimut

روتختى

tempat tidur

تخت خواب

sapu

جارو

ember

سطل

tombol

سويچ يا كليد

ruang tamu
اتاق نشیمن

kertas dinding
کاغذ دیواری
gambar
عکس
lampu
لامپ
rak
قفسه
kabinet
کابینت
televisi
تلویزیون
perapian
شومینه
bunga
گل
bantal
کوسن
sofa
کاناپه
vas
گلدان
remote control
کنترل تلویزیون و ویدئو و غیره

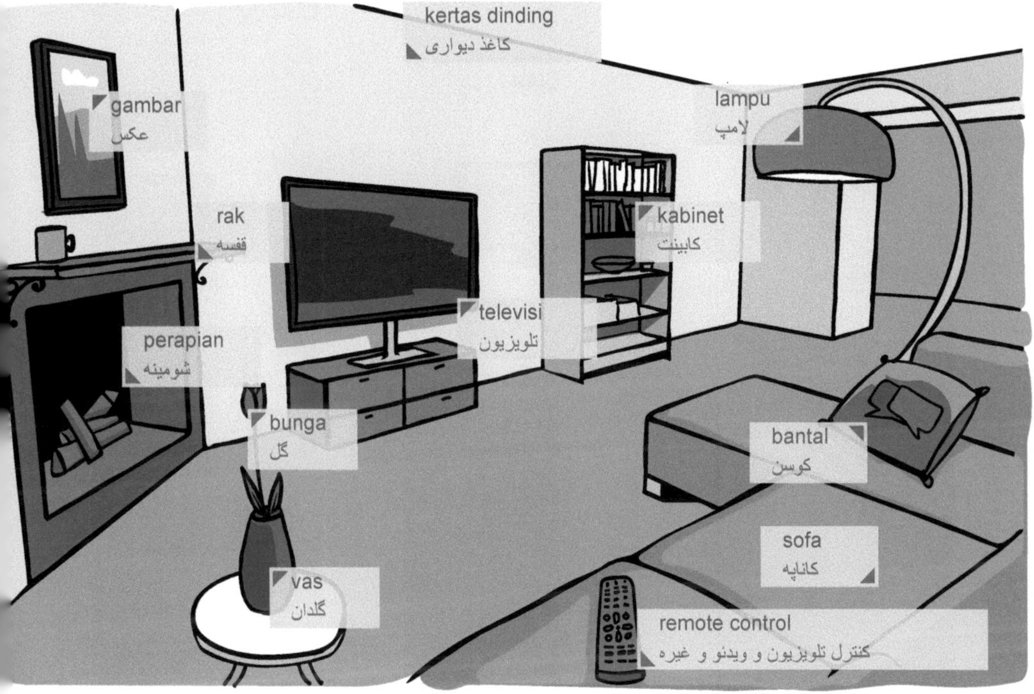

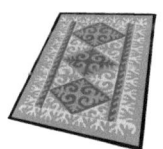

karpet

فرش

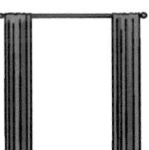

korden

پرده

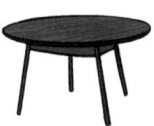

meja

میز

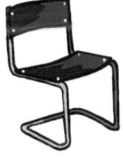

kursi

صندلی

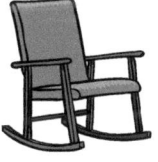

kursi goyang

صندلی گهواره ایی

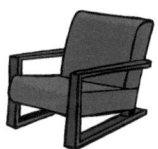

kursi malas

صندلی راحتی

buku

كتاب

selimut

لحاف

dekorasi

دكوراسيون

kayu bakar

هيزم

filem

فيلم

hi-fi

دستگاه ضبط صوت

kunci

كليد

koran

روزنامه

lukisan

تابلو نقاشى

poster

پوستر

radio

راديو

buku tulis

دفترچه يادداشت

penyedot debu

جاروبرقى

kaktus

كاكتوس

lilin

شمع

dapur

آشپزخانه

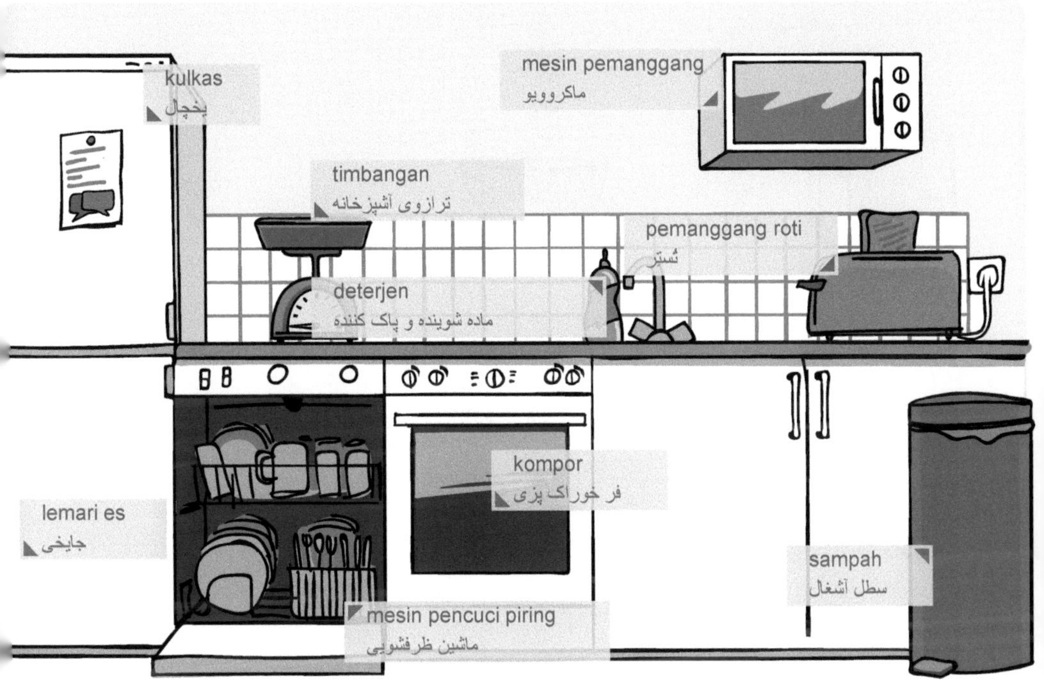

kulkas
یخچال
mesin pemanggang
ماکروویو
timbangan
ترازوی آشپزخانه
pemanggang roti
تُستر
deterjen
ماده شوینده و پاک کننده
kompor
فر خوراک پزی
lemari es
جایخی
sampah
سطل آشغال
mesin pencuci piring
ماشین ظرفشویی

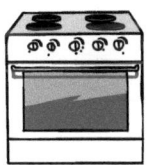

kompor

اجاق گاز

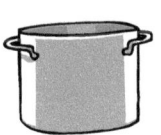

panci

قابلمه

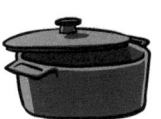

panci besi

قابلمه چدنی

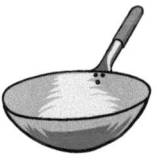

wajan

ماهی تابه گود

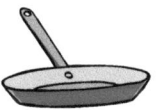

panci

ماهی تابه

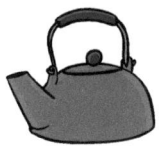

pemanas air

کتری

panci pengukus makanan

بخارپز

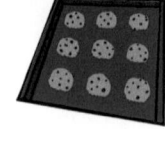

nampan

سینی فر

piring

ظرف چینی آشپزخانه

cangkir

لیوان

mangkok

کاسه

sumpit

چاپستیک

sendok sup

ملاقه

sudip

کفگیر

mengocok

همزن

saringan

آبکش

saringan

آبکش

parutan

رنده

mortir

هاون

barbeque

باربیکیو

api terbuka

محل مخصوص افروختن آتش

papan memotong

تخته گوشت و سبزی

gilingan

وردنه

alat pembuka botol

در بطری بازکن

kaleng

قوطی

pembuka kaleng

در قوطی بازکن

pegangan panci

دستگیره پارچه ای

wastafel

سینک ظرفشویی

sikat

برس گردگیری

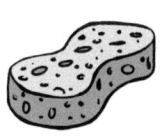

busa

اسفنج

mesin pencampur

مخلوط کن

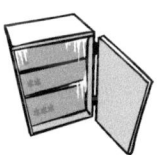

lemari es

فریزر

botol bayi

شیشه شیر بچه

keran

شیر آب

kamar mandi

حمام

mandi
دوش
mesin pemanas
بخاری
handuk
حوله
tirai kamar mandi
پرده ی حمام
mandi busa
حمام کف
bak mandi
وان حمام
gelas
لیوان
mesin cuci
ماشین لباسشویی
keran
شیر آب
ubin
کاشی
pispot
لگن دستشویی کودکان
wastafel
سینک ظرفشویی

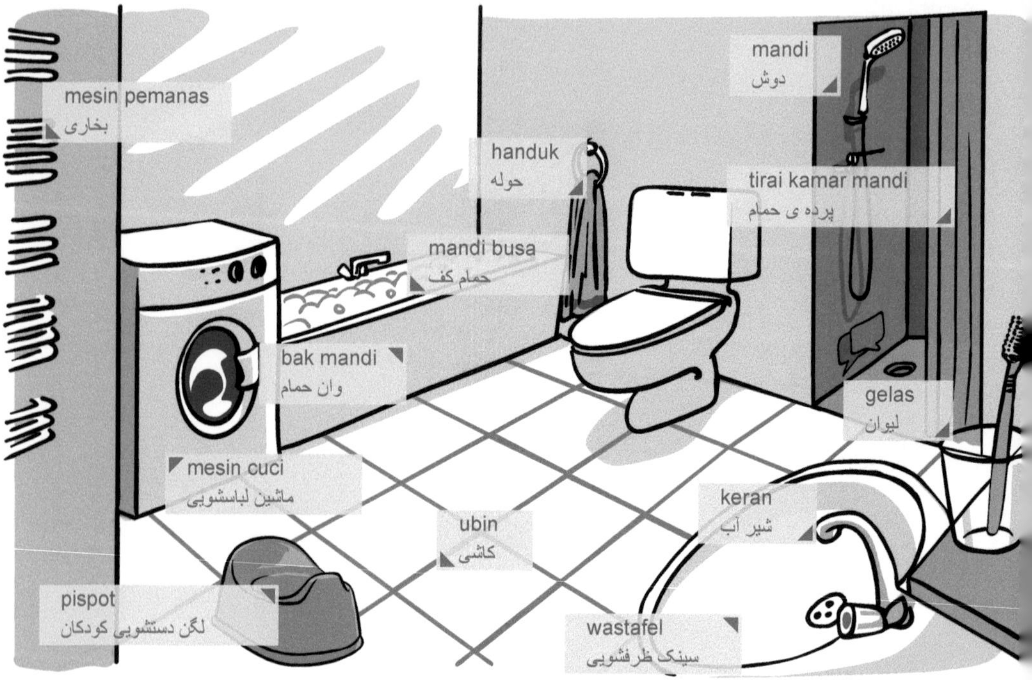

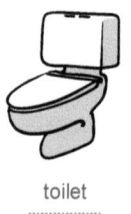

toilet
توالت

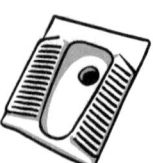

toilet jongkok
توالت ایرانی

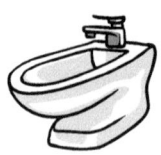

bidet
کاسه توالت

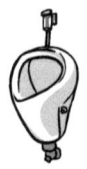

pissoir
توالت مخصوص آقایان

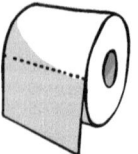

kertas toilet
دستمال توالت

sikat toilet
فرچه توالت

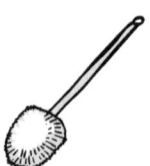

sikat gigi

مسواک

pasta gigi

خمیردندان

benang gigi

نخ دندان

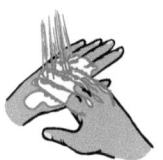

menyuci

شستن

pancuran tangan

دوش آب تلفنی

pancuran

شلنگ توالت

bak

لگن روشویی

sikat punggung

برس شست و شوی پشت

sabun

صابون

gel mandi

شامپو بدن

sampo

شامپو

planel

لیف حمام

kuras

راه آب

krim

کرم

deodoran

اسپری دئودورانت

kaca

آیینه

cermin tangan

آیینه ی کوچک دستی

pisau cukur

تیغ ریش تراشی

busa cukur

کف ریش‌تراشی

aftershave

أفترشیو

sisir

شانه ی سر

sikat

برس

alat pengering rambut

سشوار

semprot rambut

اسپری مو

makeup

آرایش

lipstik

رژلب

cat kuku

لاک ناخن

kapas

پنبه

gunting kuku

قیچی ناخن

minyak wangi

عطر

kantong pencuci

کیف لوازم آرایشی و بهداشتی

bangku

چهارپایه

timbangan

ترازو

mantel mandi

حوله ی پالتویی

sarung tangan karet

دستکش ظرفشویی

tampon

تامپون

handuk pembalut

نوار بهداشتی

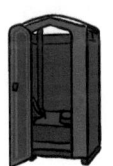

toilet kimia

توالت سیار

kamar anak

اتاق بچه

jam alarm
ساعت زنگدار
boneka tidur
نوعی عروسک نرم به شکل حیوانات
mobil-mobilan
ماشین اسباب بازی
kelintung
جغجغه
rumah boneka
خانه ی عروسکی
kado
کادو

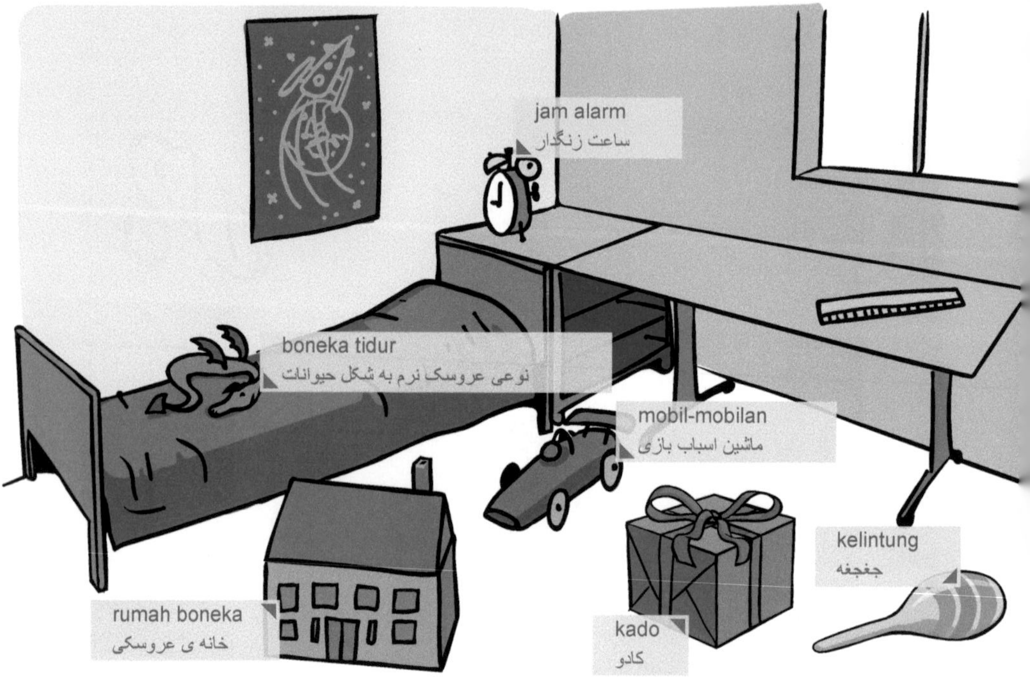

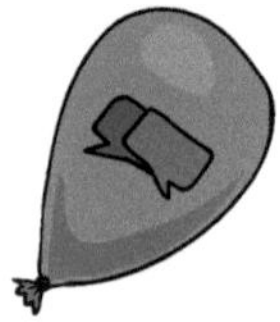

balon

بادکنک

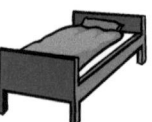

tempat tidur

تخت خواب

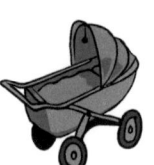

kereta bayi

کالسکه بچه

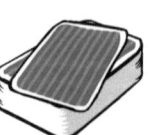

mainan kartu

بازی ورق

teka-teki

پازل

SUPER MEGA

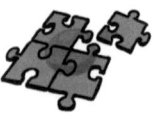

komik

داستان مصور

mainan lego

اسباب بازی لگو

blok mainan

خانه سازی

figur aksi

عروسک شخصیت های فیلم و کارتون

baju monyet

لباس نوزاد

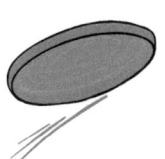

frisbee

فریزبی

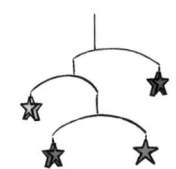

mobile

نوعی اسباب بازی که روی تخت نوزاد
یا کودک نصب می شود

permainan papan

بازی روی صفحه

dadu

تاس

set model kreta api

قطار اسباب بازی

dot

پستانک

pesta

مهمانی

buku gambar

کتاب مصور

bola

توپ

boneka

عروسک

bermain

بازی کردن

tempat main pasir

جعبه شنی مخصوص بازی کودکان

ayunan

تاب

mainan

اسباب بازی

video game konsol

کنسول بازی های کامپیوتری

sepeda roda tiga

سه چرخه

teddy

خرس عروسکی

lemari pakaian

کمد لباس

pakaian

لباس

kaos kaki

جوراب

kaos kaki

جوراب زنانه ساق بلند

baju ketat

جوراب شلواری

syal
شال

sabuk
کمربند

payung
چتر

kaos
تی شرت

sepatu
کفش ورزشی کتانی

sepatu bot
پوتین

sandal
دمپایی

sandal

صندل

sepatu

کفش

sepatu bot karet

چکمه پلاستیکی

celana dalam

شرت

BH

سوتین

baju rompi

جلیقه

body

بادی

celana

شلوار

jeans

جين

rok

دامن

blus

بلوز

kemeja

پيراهن

aket berkerudung

پولیور

sweater

سویی شرتِ

jaket

نوعی کت

jaket

ژاکت

mantel

کت بلند

jas hujan

بارانی

kostum

لباس نمايش

gaun

لباس

gaun pengantin

لباس عروس

setelan resmi

كت و شلوار

gaun tidur

لباس خواب زنانه

piyama

پیژامه

sari

ساری

jilbab

روسری

turban

عمامه

burka

برقع

kaftan

قبا

abaya

عبا

pakaian renang

لباس شنا

celana renang

شرت شنا

celana pendek

شلوارک

olah raga

لباس ورزشی

celemek

پیشبند

sarung tangan

دستکش

kancing

دکمه

kacamata

عینک

gelang

دستبند

kalung

گردنبند

cincin

انگشتر

anting

گوشواره

topi

کلاه لبه دار

gantungan mantel

چوب لباسی

topi

کلاه

dasi

کراوات

ritsleting

زیپ

helm

کلاه ایمنی

tali selempang

بند شلوار

seragam sekolah

لباس مدرسه

seragam

لباس فرم

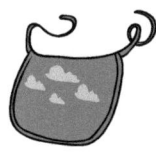

oto

پیش بند بچه

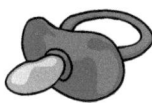

dot

پستانک

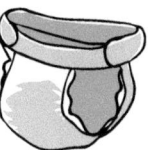

popok

پوشک بچه

kantor

اداره

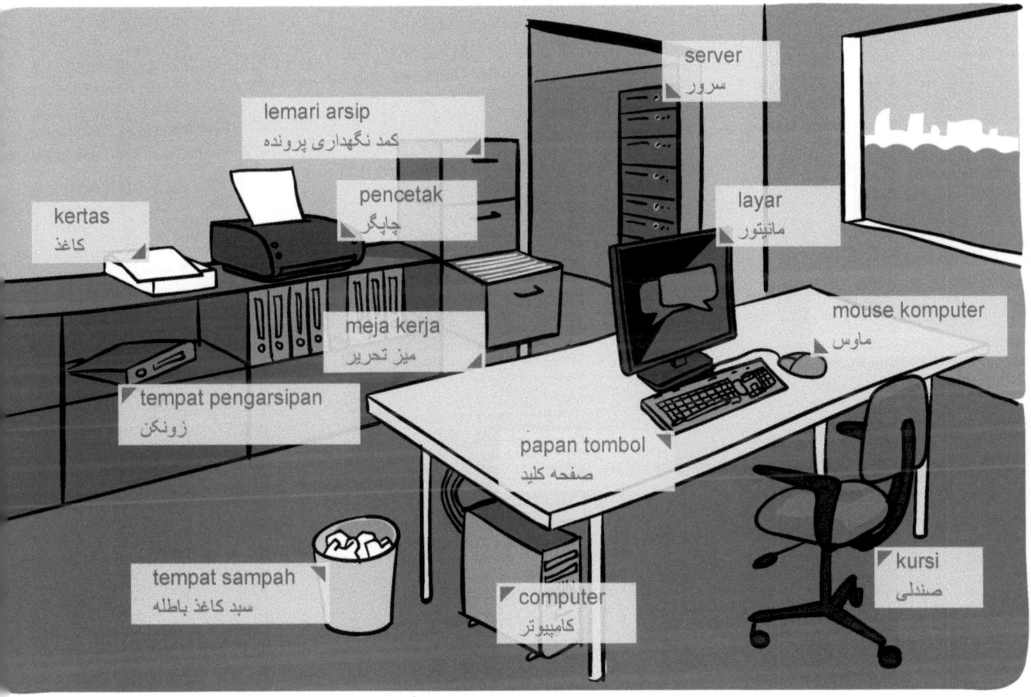
server
سرور
lemari arsip
کمد نگهداری پرونده
kertas
کاغذ
pencetak
چاپگر
layar
مانیتور
meja kerja
میز تحریر
mouse komputer
ماوس
tempat pengarsipan
زونکن
papan tombol
صفحه کلید
kursi
صندلی
tempat sampah
سبد کاغذ باطله
computer
کامپیوتر

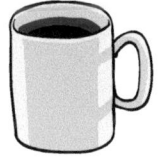

cangkir kopi

لیوان قهوه

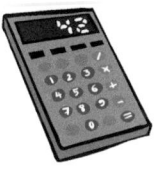

kalkulator

ماشین حساب

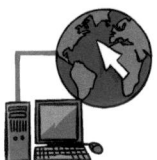

internet

اینترنت

laptop

لپ تاپ

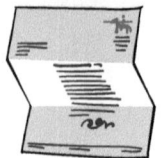

surat

نامه

pesan

پیغام

telepon seluler

تلفن همراه

jaringan

شبکه ی ارتباطی

fotokopi

دستگاه فتوکپی

software

نرم افزار

telepon

تلفن

plug soket

پریز

mesin fax

دستگاه فاکس

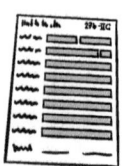

formulir

فرم

dokumen

مدرک

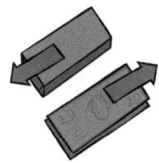

membeli

خریدن

membayar

پرداخت کردن

berdagang

تجارت کردن

uang

پول

Dollar

دلار

Euro

یورو

Yen

ین

Rubel

روبل

Franc Swiss

فرانک سوئیس

Renminbi Yuan

یوان رنمینبی

Rupiah

روپیه

ATM

دستگاه خودپرداز

kantor pertukaran mata uang

صرافی

emas

طلا

perak

نقره

minyak

نفت

energi

انرژی

harga

قیمت

kontrak

قرارداد

pajak

مالیات

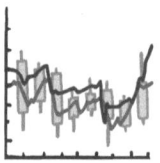

saham

سهام سرمایه

bekerja

کار کردن

karyawan

کارمند

majikan

کارفرما

pabrik

کارخانه

toko

مغازه

pekerjaan
مشاغل

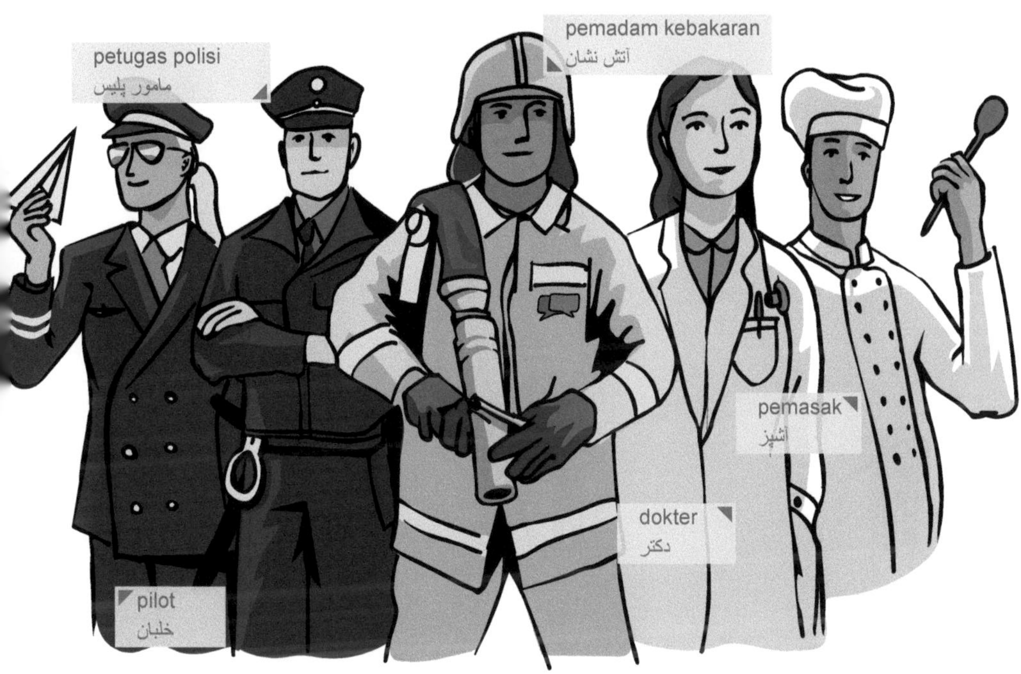
petugas polisi
مامور پلیس
pemadam kebakaran
آتش نشان
pemasak
آشپز
dokter
دکتر
pilot
خلبان

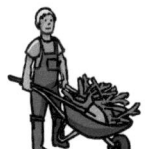

tukan kebun

باغبان

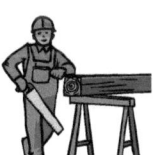

tukang kayu

نجار

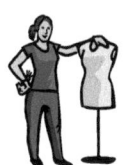

penjahit wanita

خیاط زنانه

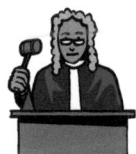

hakim

قاضی

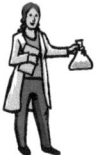

ahli kimia

شیمیدان

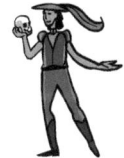

aktor

بازیگر

sopir bis

راننده اتوبوس

sopir taksi

راننده تاکسی

nelayan

ماهیگیر

pembantu

نظافتچی زن

tukang atap

سقف ساز

pelayan

پیشخدمت رستوران

pemburu

شکارچی

pelukis

نقاش

tukang roti

نانوا

tukang listrik

برقکار

pembangun

کارگر ساختمانی

insinyur

مهندس

tukang daging

قصاب

tukang ledeng

لوله کش

tukang pos

پستچی

tentara

سرباز

arsitek

معمار

kasir

صندوقدار

penjual bunga

گل فروش

penata rambut

آرایشگر

konduktor

مامور کنترل بلیط در قطار

montir

مکانیک

kapten

ناخدا

dokter gigi

دندانپزشک

ilmuwan

دانشمند

rabbi

عالم یهودی

imam

امام

biarawan

راهب

pendeta

کشیش

alat
ابزارآلات

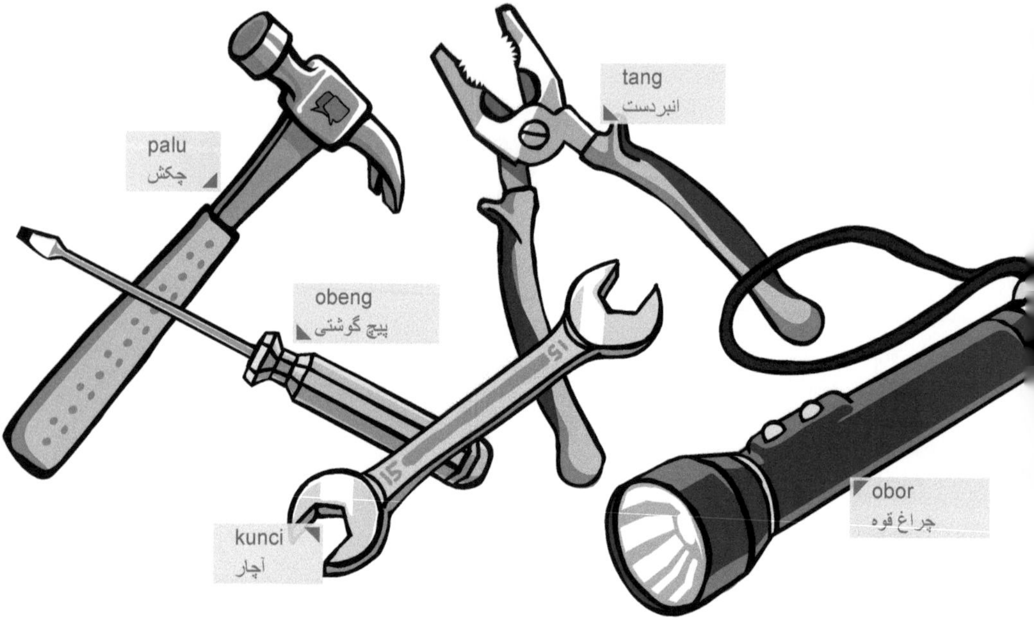
palu
چکش
tang
انبردست
obeng
پیچ گوشتی
kunci
آچار
obor
چراغ قوه

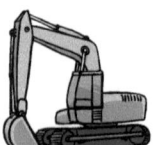

penggali

بیل مکانیکی

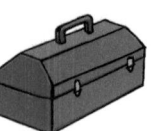

tas perkakas

جعبه ابزار

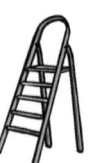

tangga

نردبان

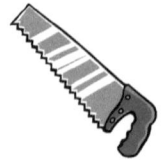

gergaji

ارّه

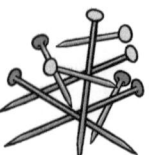

paku

میخ

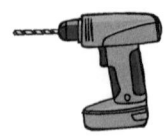

bor

مته

perbaikan

تعمیر کردن

sekop

بیل

Sialan!

لعنتی!

cikrak

خاک انداز

pot cat

سطل رنگرزی

sekrup

پیچ

alat musik

آلات موسیقی

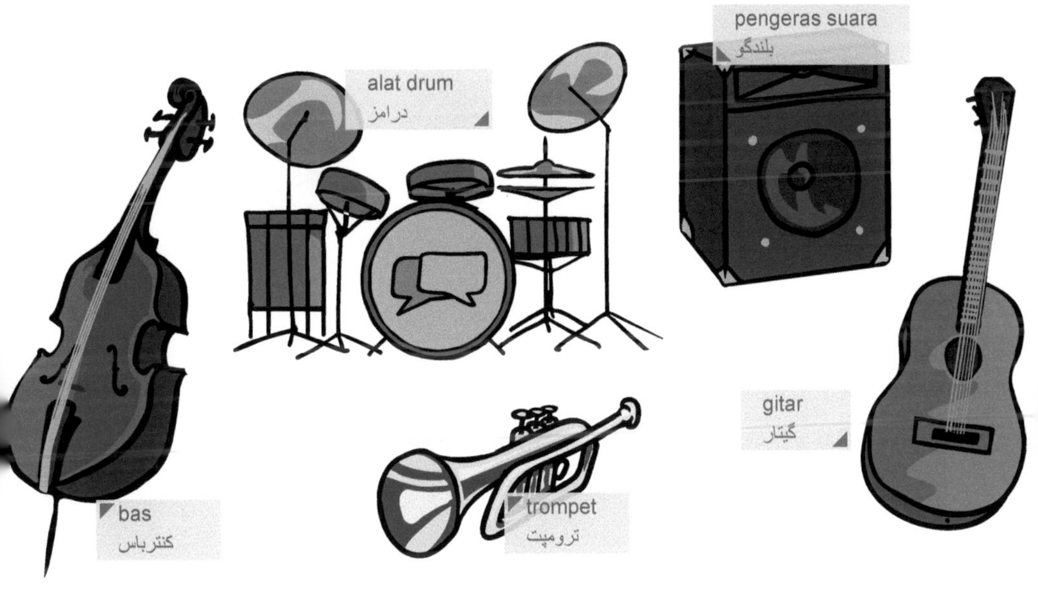

pengeras suara
بلندگو

alat drum
درامز

gitar
گیتار

bas
کنترباس

trompet
ترومپت

piano

پیانو

violin

ویولن

bass

گیتار بیس

tambur

تیمپانی

drum

طبل

keyboard

کیبورد الکتریک

saksofon

ساکسیفون

suling

فلوت

mikrofon

میکروفون

آلات موسیقی - alat musik

kebun binatang

باغ وحش

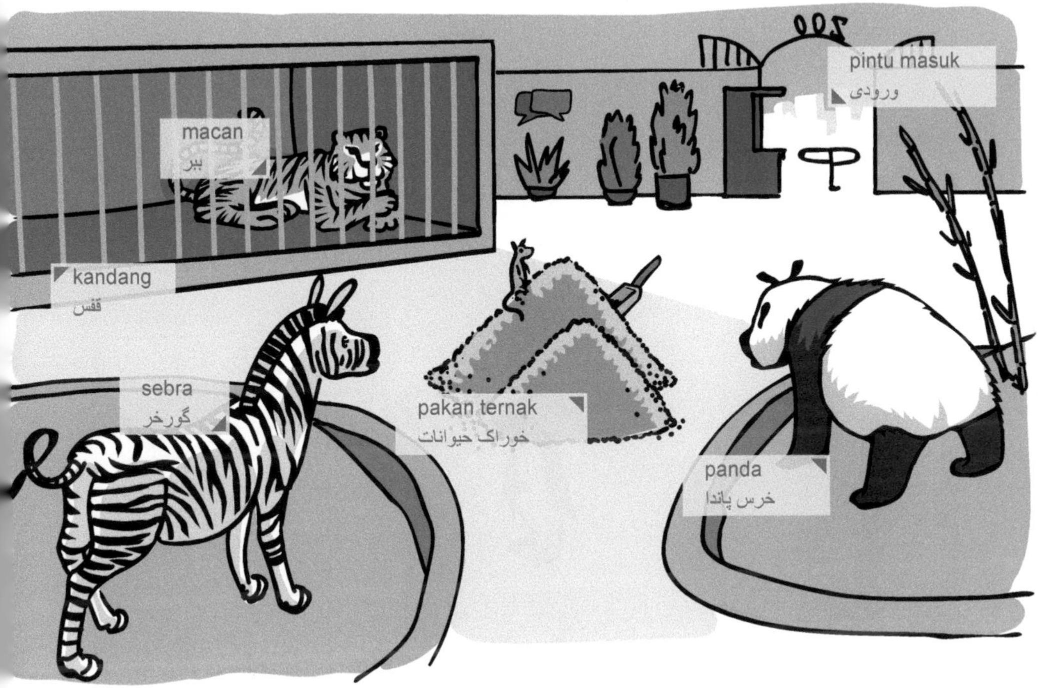

pintu masuk
ورودی
macan
ببر
kandang
قفس
sebra
گورخر
pakan ternak
خوراک حیوانات
panda
خرس پاندا

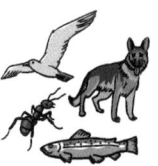

hewan

حیوانات

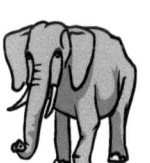

gajah

فیل

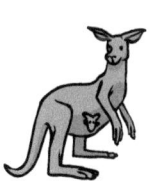

kanguru

کانگورو

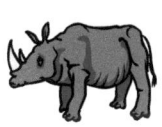

badak

کرگدن

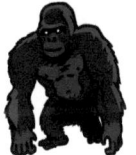

gorila

گوریل

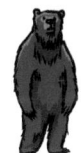

beruang

خرس

unta

شتر

burung unta

شترمرغ

singa

شیر

monyet

میمون

flamingo

فلامینگو

burung beo

طوطی

beruang polar

خرس قطبی

penguin

پنگوئن

hiu

کوسه

merak

طاووس

ular

مار

buaya

تمساح

penjaga kebun binatang

نگهبان باغ وحش

segel

خوک آبی

jaguar

پلنگ امریکایی

kuda poni

اسب کوچک

macan tutul

پلنگ

kuda nil

اسب آبی

jerapah

زرافه

burung elang

عقاب

babi jantan

گراز

ikan

ماهی

kura-kura

لاک پشت

anjing laut

شیرماهی

rubah

روباه

kijang

غزال

american football
فوتبال آمریکایی

naik sepeda
دوچرخه سواری

tennis
تنیس

basketbal
بسکتبال

bernang
شنا

hoki es
هاکی روی یخ

tinju
بوکس

sepak bola

فوتبال

badminton

بدمینتون

atletik

دوومیدانی

bola tangan

هندبال

main ski

اسکی

polo

پولو

meloncat
پریدن

memeluk
بغل کردن

ketawa
خندیدن

berjalan
راه رفتن

menyanyi
آواز خواندن

mengimpi
رؤیا دیدن

berdoa
دعا کردن

mencium
بوسیدن

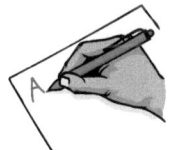

menulis

نوشتن

melukis

رسم کردن

menunjuk

نشان دادن

mendorong

هل دادن

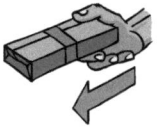

memberikan

دادن

mengambil

برداشتن

mempunyai

داشتن

melakukan

انجام دادن

adalah

بودن

berdiri

ایستادن

berlari

دویدن

menarik

کشیدن

melempar

پرتاب کردن

jatuh

افتادن

tidur

دراز کشیدن

menunggu

منتظر بودن

membawa

حمل کردن

duduk

نشستن

berpakaian

لباس پوشیدن

tidur

خوابیدن

bangun

بیدار شدن

melihat

تماشا کردن

menangis

گریه کردن

mengelus

نوازش کردن

menyisir

شانه کردن

berbicara

حرف زدن

mengerti

فهمیدن

menanyak

پرسیدن

mendengar

شنیدن

minum

آشامیدن

makan

خوردن

merapikan

مرتب کردن

cinta

عاشق بودن

memasak

پختن

menyetir

رانندگی کردن

terbang

پرواز کردن

berlayar

قایقرانی کردن

menghitung

محاسبه کردن

membaca

خواندن

belajar

یاد گرفتن

bekerja

کار کردن

menikah

ازدواج کردن

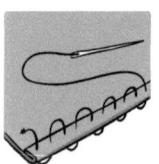

menjahit

دوختن

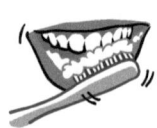

sikat gigi

مسواک زدن

membunuh

کشتن

merokok

سیگار کشیدن

kirim

فرستادن

keluarga
خانواده

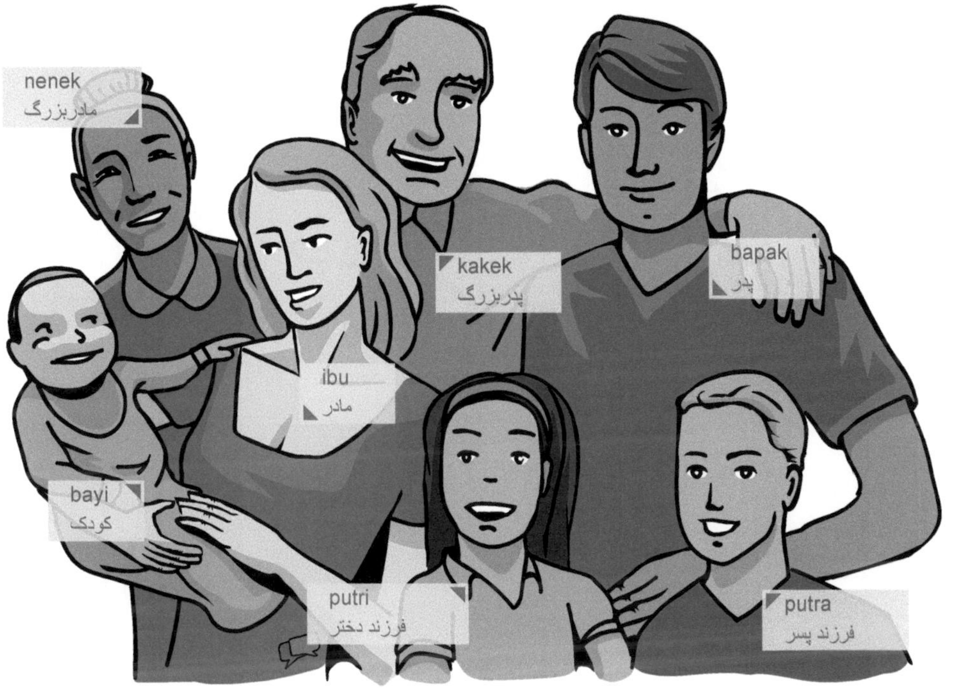
nenek
مادربزرگ
kakek
پدربزرگ
bapak
پدر
ibu
مادر
bayi
کودک
putri
فرزند دختر
putra
فرزند پسر

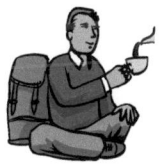

tamu

مهمان

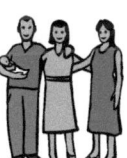

bibi

خاله، عمه

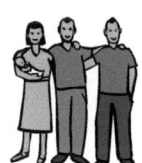

paman

دایی، عمو

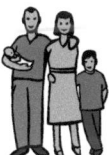

kakak laki

برادر

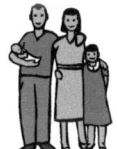

kakak perempuan

خواهر

badan

بدن

dahi
پیشانی
mata
چشم
muka
صورت
dagu
چانه
jari
انگشت دست
tangan
دست
payudara
سینه
lengan
بازو
bahu
شانه
kaki
ساق پا

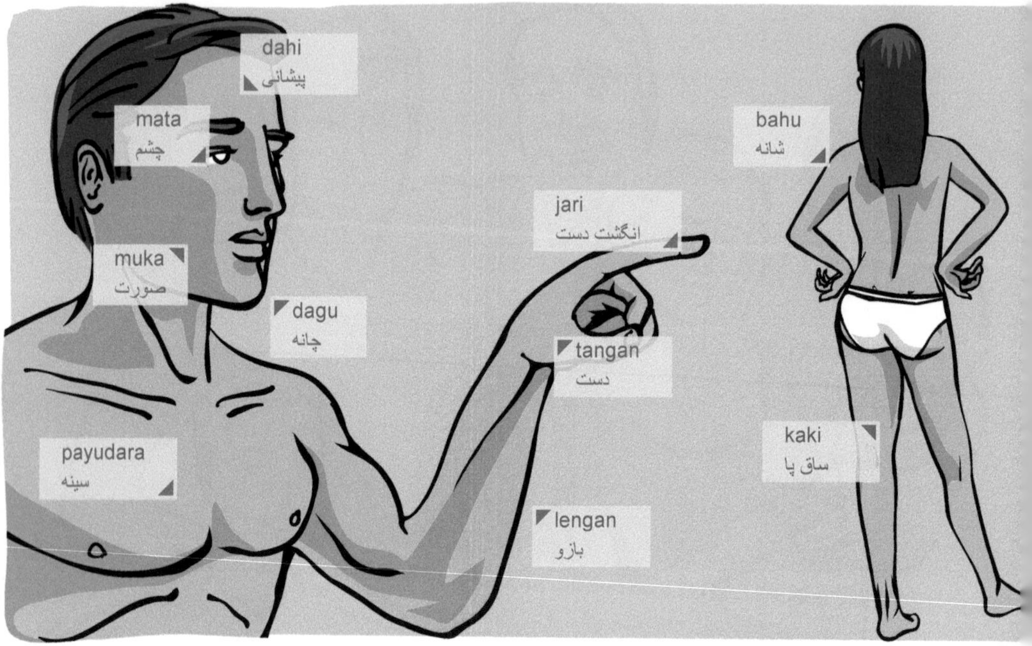

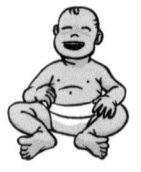

bayi

کودک

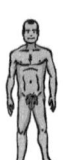

pria

مرد

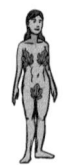

wanita

زن

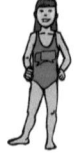

perempuan

دختربچه

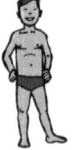

laki

پسربچه

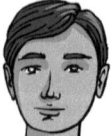

kepala

کله

punggung

كمر

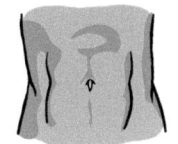

perut

شكم

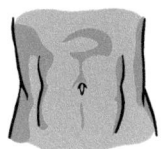

pusar

ناف

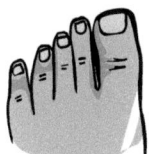

toe

انگشت پا

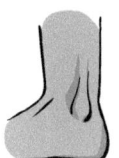

tumit

پاشنه

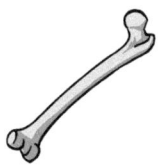

tulang

استخوان

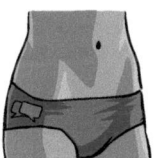

pinggang

لگن

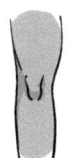

lutut

زانو

siku

آرنج

hidung

بینی

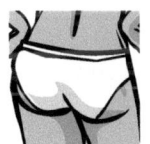

pantat

نشیمنگاه

kulit

پوست

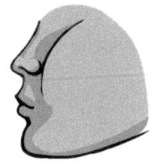

pipi

گونه

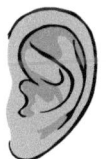

telinga

گوش

bibir

لب

mulut

دهان

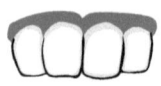

gigi

دندان

lidah

زبان

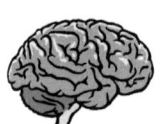

otak

مغز

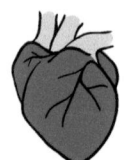

jantung

قلب

otot

عضله

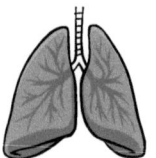

paru-paru

ریه

hati

کبد

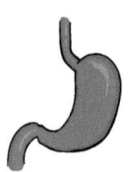

stomach

معده

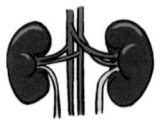

ginjal

کلیه

hubungan seks

آمیزش جنسی

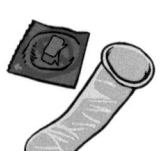

kondom

کاندوم

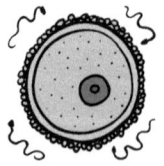

sel telur

تخمک

sperma

اسپرم

kehamilan

حاملگی

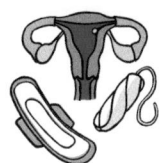

menstruasi

پريود

vagina

واژن

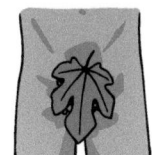

penis

آلت تناسلی مرد

alis

ابرو

rambut

مو

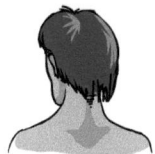

leher

گردن

rumah sakit

بیمارستان

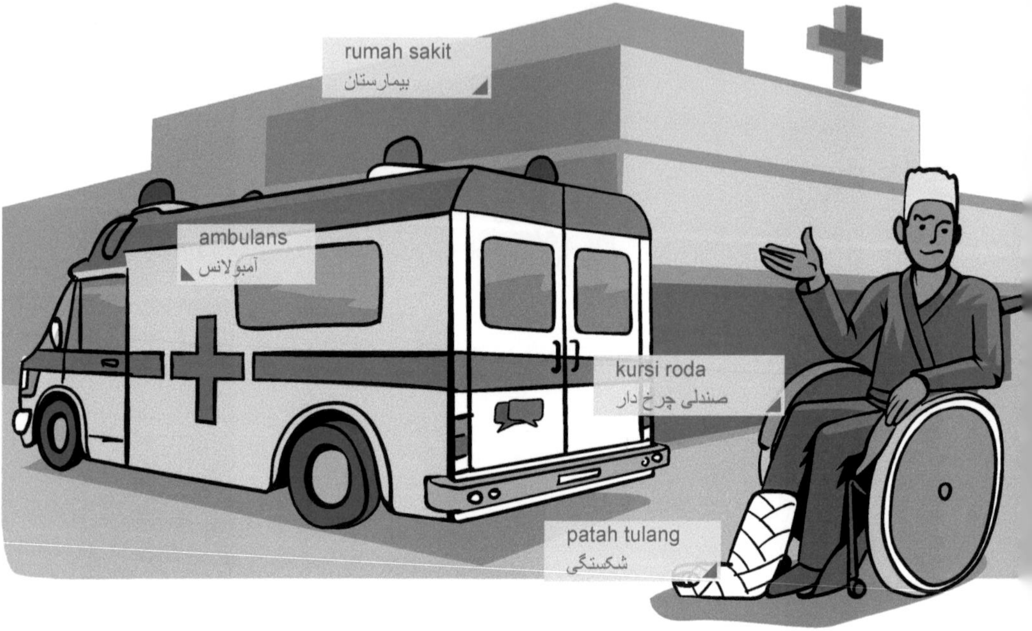

rumah sakit
بیمارستان
ambulans
آمبولانس
kursi roda
صندلی چرخ دار
patah tulang
شکستگی

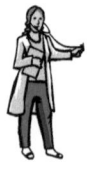

dokter

دکتر

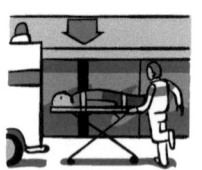

ruang darurat

بخش اورژانس

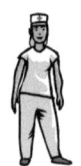

perawat

پرستار

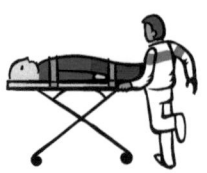

darurat

موقعیت اضطراری

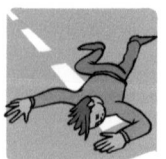

semaput

بی هوش

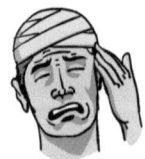

sakit

درد

cedera

مصدومیت

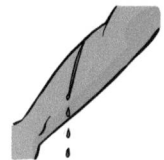

perdarahan

خونریزی

serangan jantung

سکته قلبی

stroke

سکته مغزی

alergi

آلرژی

batuk

سرفه

demam

تب

flu

آنفولانزا

diare

اسهال

sakit kepala

سردرد

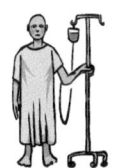

kanker

سرطان

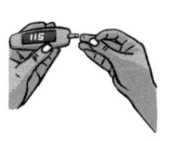

diabetes

دیابت

ahli bedah

جراح

pisau bedah

چاقوی جراحی

operasi

عمل جراحی

CT

سی تی اسکن

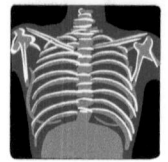

sinar x

پرتونگاری

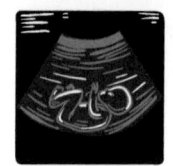

usg

سونوگرافی

topeng

ماسک صورت

penyakit

بیماری

ruang tunggu

اتاق انتظار

penyokong

چوب زیر بغل

plester

چسب زخم

perban

پانسمان

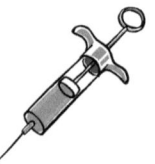

injeksi

تزریق

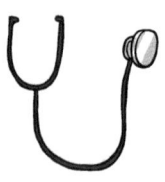

stetoskop

گوشی طبی

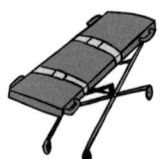

usungan

برانکار

termometer klinis

دماسنج

kelahiran

زایش

kelebihan berat badan

اضافه وزن

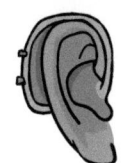

alat pendengar

سمعک

desinfektan

ماده ضد غفونی کننده

infeksi

عفونت

virus

ویروس

HIV / AIDS

اچ آی وی / ایدز

obat

دارو

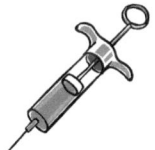

vaksinasi

واکسیناسیون

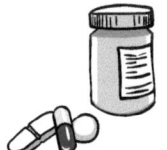

tablet

قرص

pil

قرص ضد حاملگی

panggilan darurat

تماس اظطراری

ukur tekanan darah

دستگاه اندازه گیری فشارخون

sakit / sehat

مریض / سالم

Tolong!

کمک!

alarm

آژیر خطر

penyerbuan

حمله

serangan

حمله ی فیزیکی

bahaya

خطر

pintu darurat

خروج اظطراری

Api!

آتش

alat pemadam kebakaran

کپسول آتش‌نشانی

kecelakaan

تصادف

kit pertolongan pertama

جعبه کمک های اولیه

SOS

درخواست کمک

polisi

پلیس

Eropa

اروپا

Amerika Utara

آمریکای شمالی

Amerika Selatan

آمریکای جنوبی

Afrika

آفریقا

Asia

آسیا

Australi

استرالیا

Atlantik

اقیا نوس اطلس

Pasifik

اقیانوس آرام

Samudra India

اقیانوس هند

Samudra Antartika

اقیا نوس اطلس جنوبی

Samudra Arktik

اقیانوس منجمد شمالی

kutub utara

قطب شمال

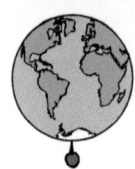

kutub selatan

قطب جنوب

Antarktika

قاره قطب جنوب

bumi

كره زمين

tanah

سرزمين

laut

دريا

pulau

جزيره

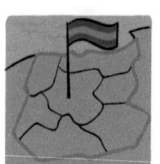

bangsa

ملت

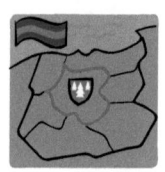

negara

كشور

jam wajah

صفحه ی ساعت

jarum pendek

ساعت شمار

jarum menit

دقیقه شمار

jarum detik

ثانیه شمار

Jam berapa?

ساعت چند است؟

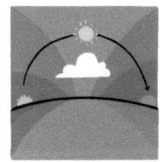

hari

روز

waktu

زمان

sekarang

اکنون

jam digital

ساعت دیجیتال

menit

دقیقه

jam

ساعت

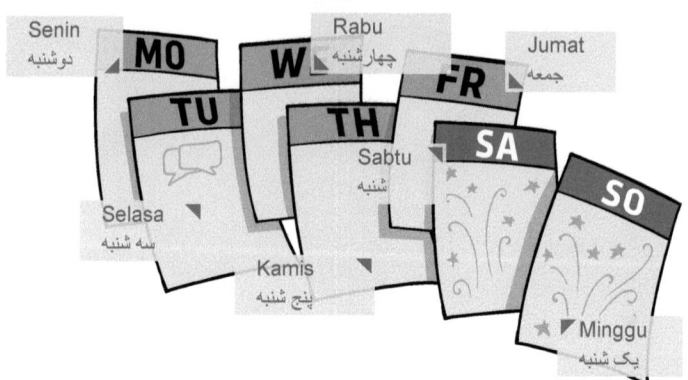

Senin دوشنبه — MO

Rabu چهارشنبه — W

Jumat جمعه — FR

TU

TH

SA

Selasa سه شنبه

Sabtu شنبه

SO

Kamis پنج شنبه

Minggu یک شنبه

kemaren

دیروز

hari ini

امروز

besok

فردا

pagi

صبح

siang

ظهر

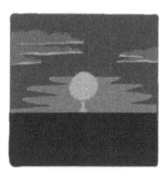

malam

غروب

MO	TU	WE	TH	FR	SA	SU
1	2	3	4	5	6	7
8	9	10	11	12	13	14
15	16	17	18	19	20	21
22	23	24	25	26	27	28
29	30	31	1	2	3	4

hari kerja

روزهای کاری

MO	TU	WE	TH	FR	SA	SU
1	2	3	4	5	6	7
8	9	10	11	12	13	14
15	16	17	18	19	20	21
22	23	24	25	26	27	28
29	30	31	1	2	3	4

akhir minggu

آخر هفته

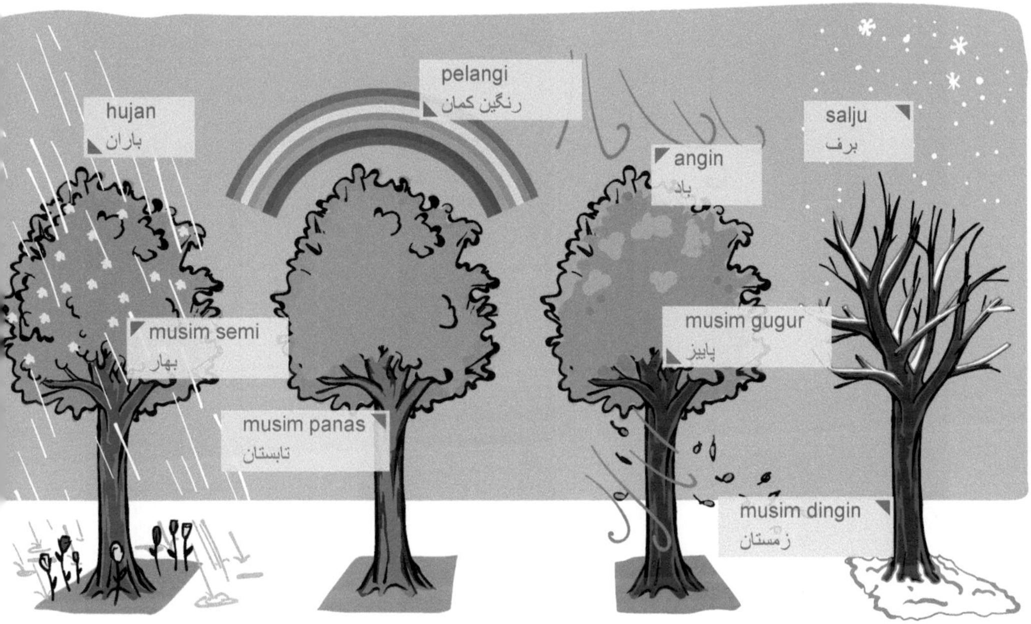

hujan
باران
pelangi
رنگین کمان
salju
برف
angin
باد
musim semi
بهار
musim gugur
پاییز
musim panas
تابستان
musim dingin
زمستان

4.APRIL 11°
5.APRIL 4°
6.APRIL 13°
7.APRIL 8°
8.APRIL 10°

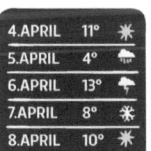

ramalan cuaca

پیش‌بینی اوضاع جوی

F C
120 40
90 30
60 20
30 10
0 0
-30 -10
-20

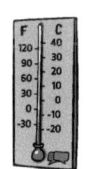

termometer

دماسنج

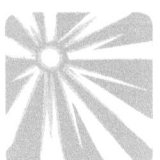

matahari

تابش آفتاب

awan

ابر

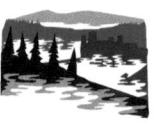

kabut

مه

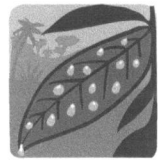

kelembahan

رطوبت هوا

kilat

صاعقه

guntur

آسمان غره

badai

طوفان

hujan es

تگرگ

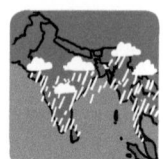

monsun

باد موسمی

banjir

سیل

es

یخ

Januari

ژانویه

Februari

فوریه

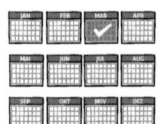

Maret

مارس

April

آوریل

Mei

مه

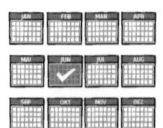

Juni

ژوئن

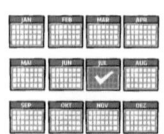

Juli

ژوئیه

Agustus

آگوست

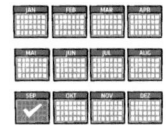

September

سپتامبر

Oktober

اکتبر

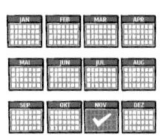

November

نوامبر

Desember

دسامبر

lingkaran

دايره

persegi

مربع

persegi panjang

مستطيل

segi tiga

سه گوش

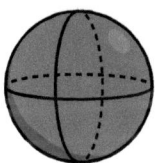

bola

گره

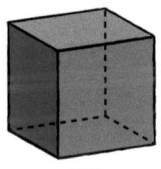

kubus

مکعب مربع

putih

سفید

kuning

زرد

oranye

نارنجی

pink

صورتی

merah

قرمز

ungu

بنفش

biru

آبی

hijau

سبز

coklat

قهوه ای

abu-abu

خاکستری

hitam

سیاه

banyak / sedikit

خیلی / کم

marah / tenang

خشمگین / آرام

cantik / jelek

زیبا / زشت

mulaih / selesai

شروع / پایان

besar / kecil

بزرگ / کوچک

terang / gelap

روشن / تیره

saudara laki-laki / saudara
perempuan

برادر / خواهر

bersih / kotor

تمیز / آلوده

lengkap / tidak lengkap

کامل / ناقص

hari / malam

روز / شب

mati / hidup

مرده / زنده

luas / sempit

پهن / باریک

dapat dimakan / tidak dapat dimakan

قابل خوردن / غیر قابل خوردن

jahat / baik

غضبناک / مهربان

bersemangat / bosan

هیجان زده / بی حوصله

gemuk / kurus

چاق / لاغر

pertama / terakhir

اولین / آخرین

teman / musuh

دوست / دشمن

penuh / kosong

پر / خالی

keras / lembut

سفت / نرم

berat / enteng

سنگین / سبک

lapar / haus

گرسنگی / تشنگی

sakit / sehat

مریض / سالم

ilegal / legal

غیرقانونی / قانونی

cerdas / bodoh

باهوش / خنگ

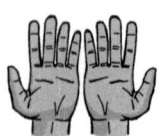

kiri / kanan

چپ / راست

dekat / jauh

نزدیک / دور

baru / bekas

نو / استفاده شده

tidak ada apapun / sesuatu

هیچ چیز / چیزی

tua / muda

پیر / جوان

nyala / mati

روشن / خاموش

buka / tutup

باز / بسته

tenang / keras

آهسته / بلند

kaya / miskin

ثروتمند / فقیر

benar / salah

درست / غلط

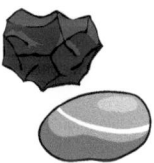

kasar / halus

زبر / صاف

sedih / gembira

غمگین / خوشحال

pendek / panjang

کوتاه / بلند

pelan-pelan / cepat

کند / تند

basah / kering

تر / خشک

hangat / sejuk

گرم / خنک

perang / damai

جنگ / صلح

0	**1**	**2**
nol	satu	dua
صفر	یک	دو

3	**4**	**5**
tiga	empat	lima
سه	چهار	پنج

6	**7**	**8**
enam	tujuh	delapan
شش	هفت	هشت

9	**10**	**11**
sembilan	sepuluh	sebelas
نه	دَه	یازده

12

duabelas

دوازده

13

tigabelas

سیزده

14

empatbelas

چهارده

15

limabelas

پانزده

16

enambelas

شانزده

17

tujuhbelas

هفده

18

delapanbelas

هجده

19

sembilanbelas

نوزده

20

duapuluh

بیست

100

seratus

صد

1.000

seribu

هزار

1.000.000

juta

میلیون

Inggris

انگلیسی

bahasa Inggris Amerika

انگلیسی آمریکایی

bahasa Cina Mandarin

چینی ماندارین

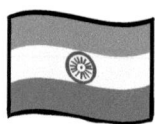

bahasa Hindi

هندی

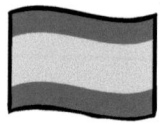

bahasa Spanyol

اسپانیایی

bahasa Perancis

فرانسوی

bahasa Arab

عربی

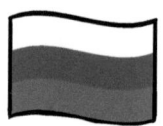

bahasa Rusia

روسی

bahasa Portugis

پرتغالی

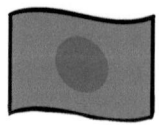

bahasa Bengal

بنگالی

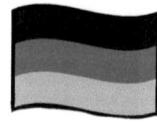

bahasa Jerman

آلمانی

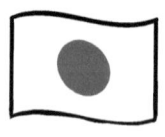

bahasa Jepang

ژاپنی

saya

من

kamu

تو

dia

او

kita

ما

kalian

شما

mereka

آنها

siapa?

چه کسی؟ کی؟

apa?

چی؟

begaimana?

چگونه؟

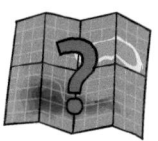

dimana?

کجا؟

kapan?

کی؟

nama

نام

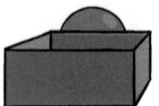

dibelakang

پشت

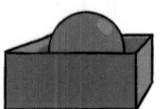

di

توی

didepan

جلو

diatas

بالای

diatas

روی

dibawah

زیر

sebelah

مجاور

di antara

بین

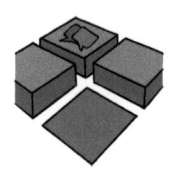

tempat

مکان